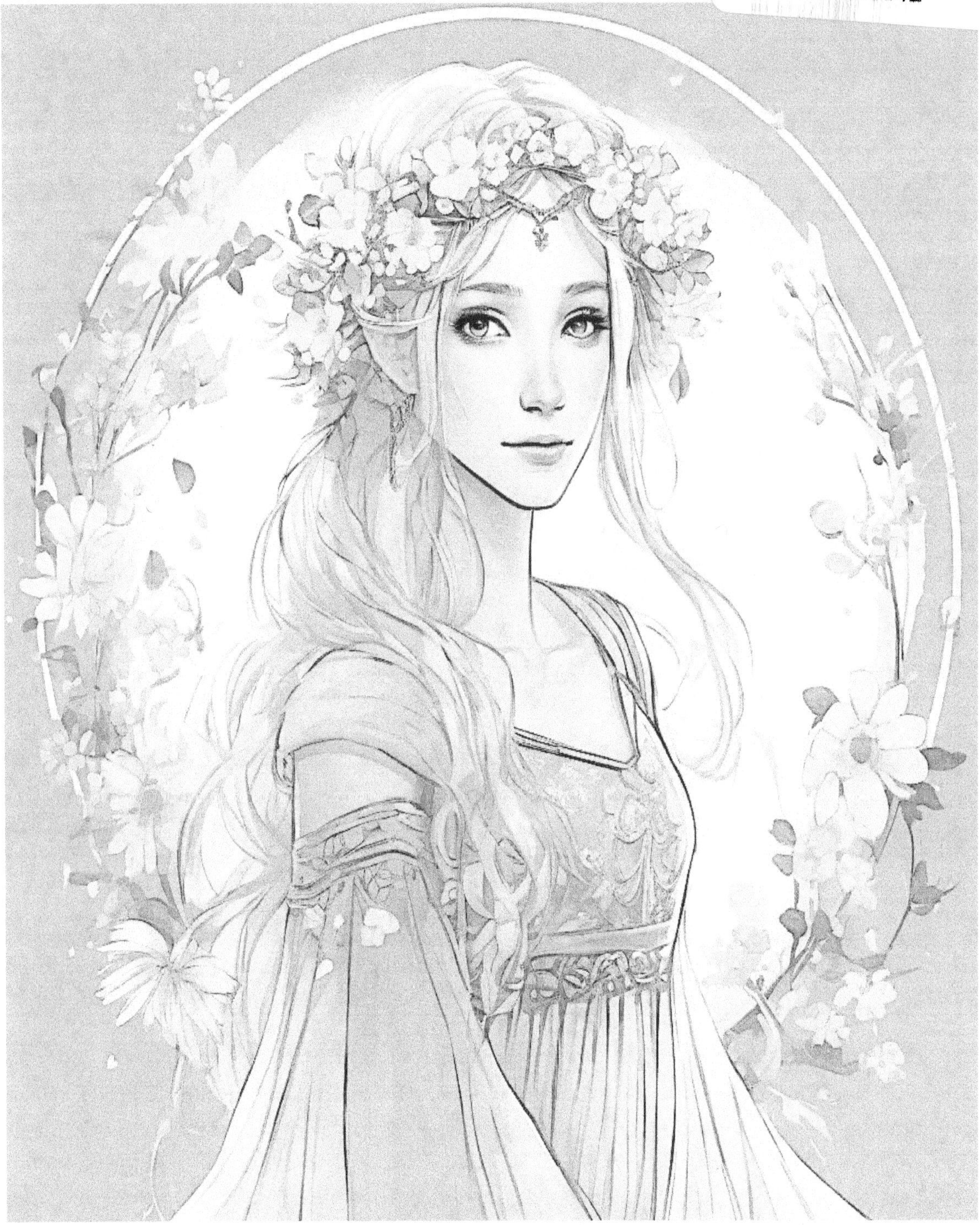

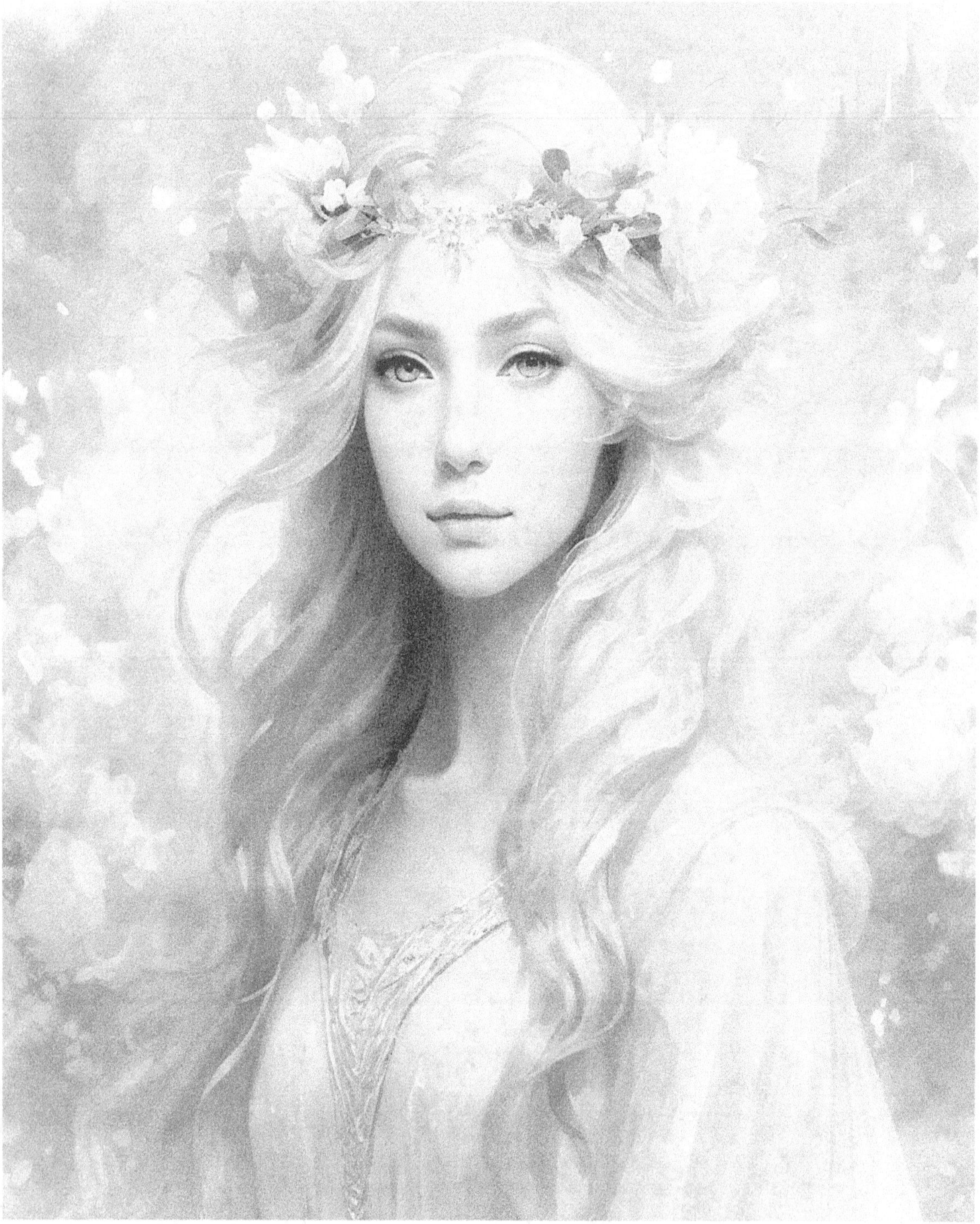

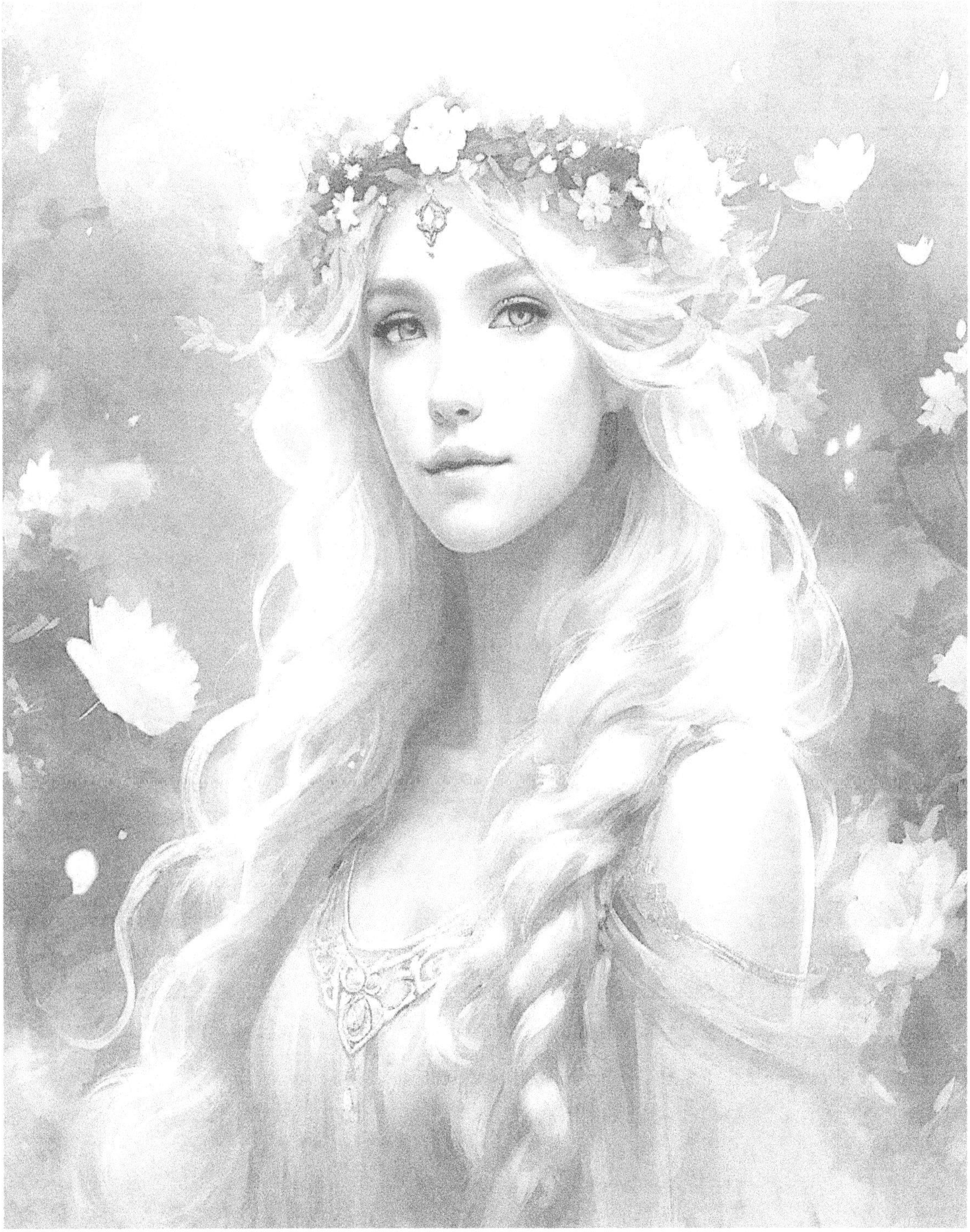

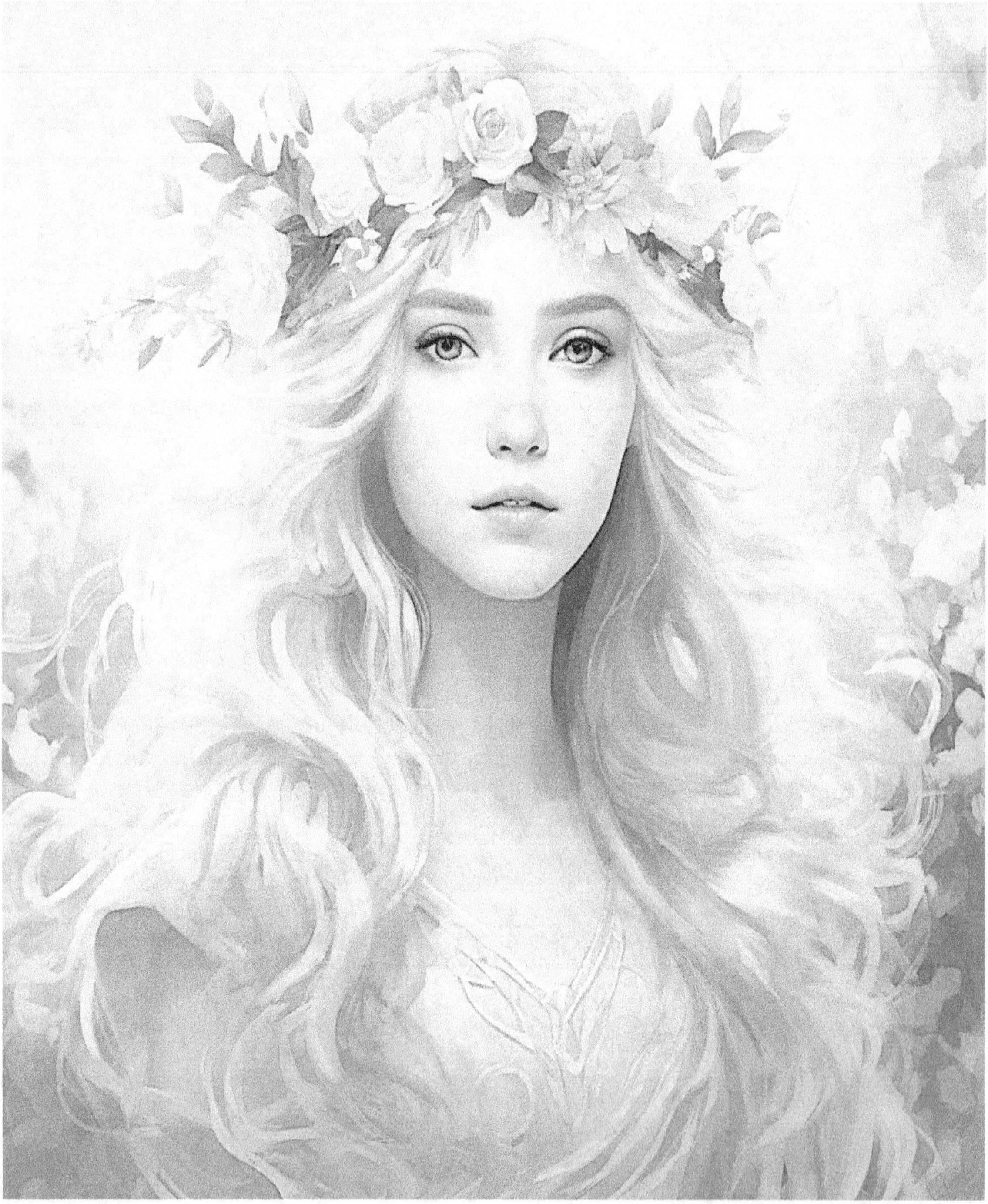

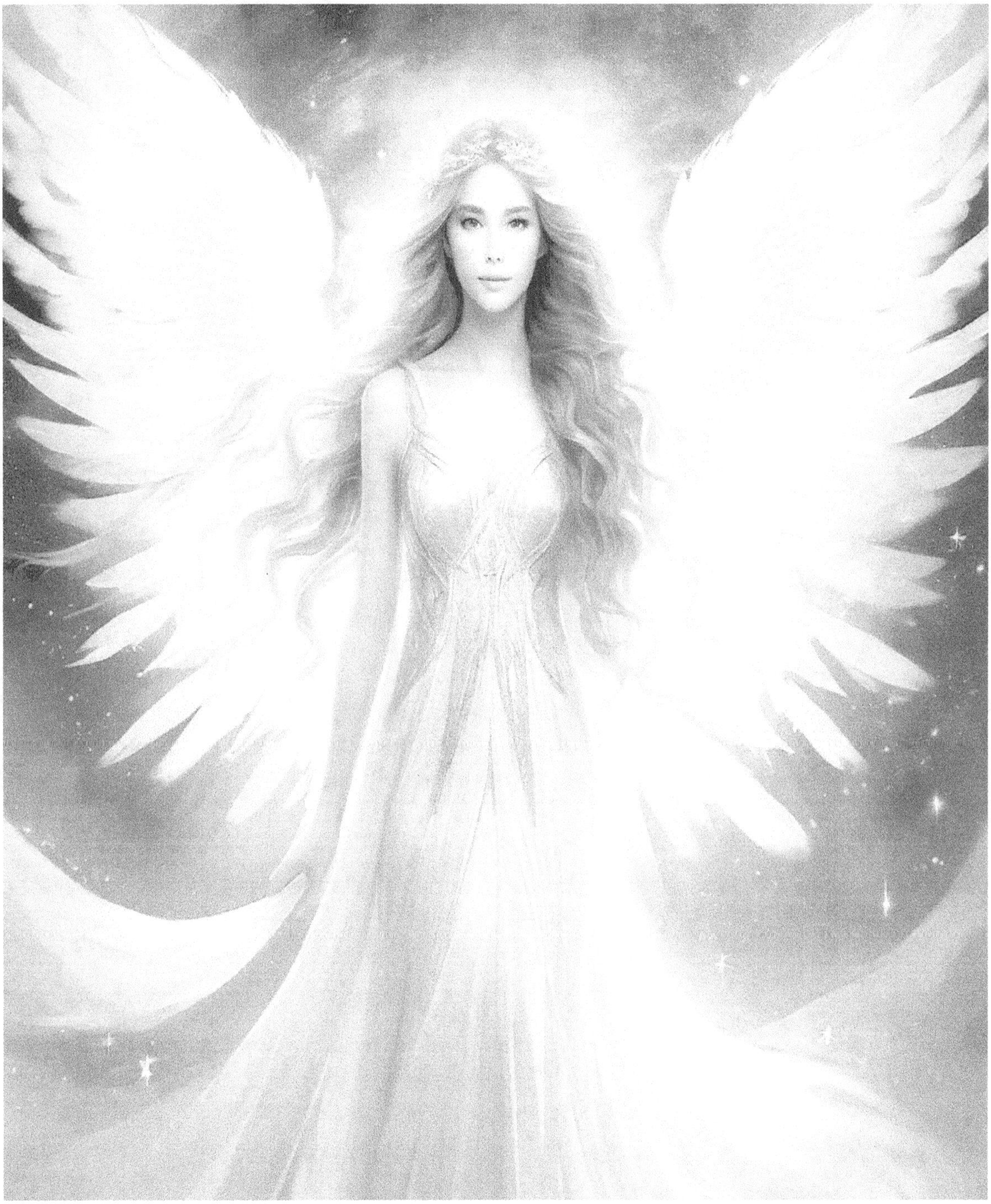

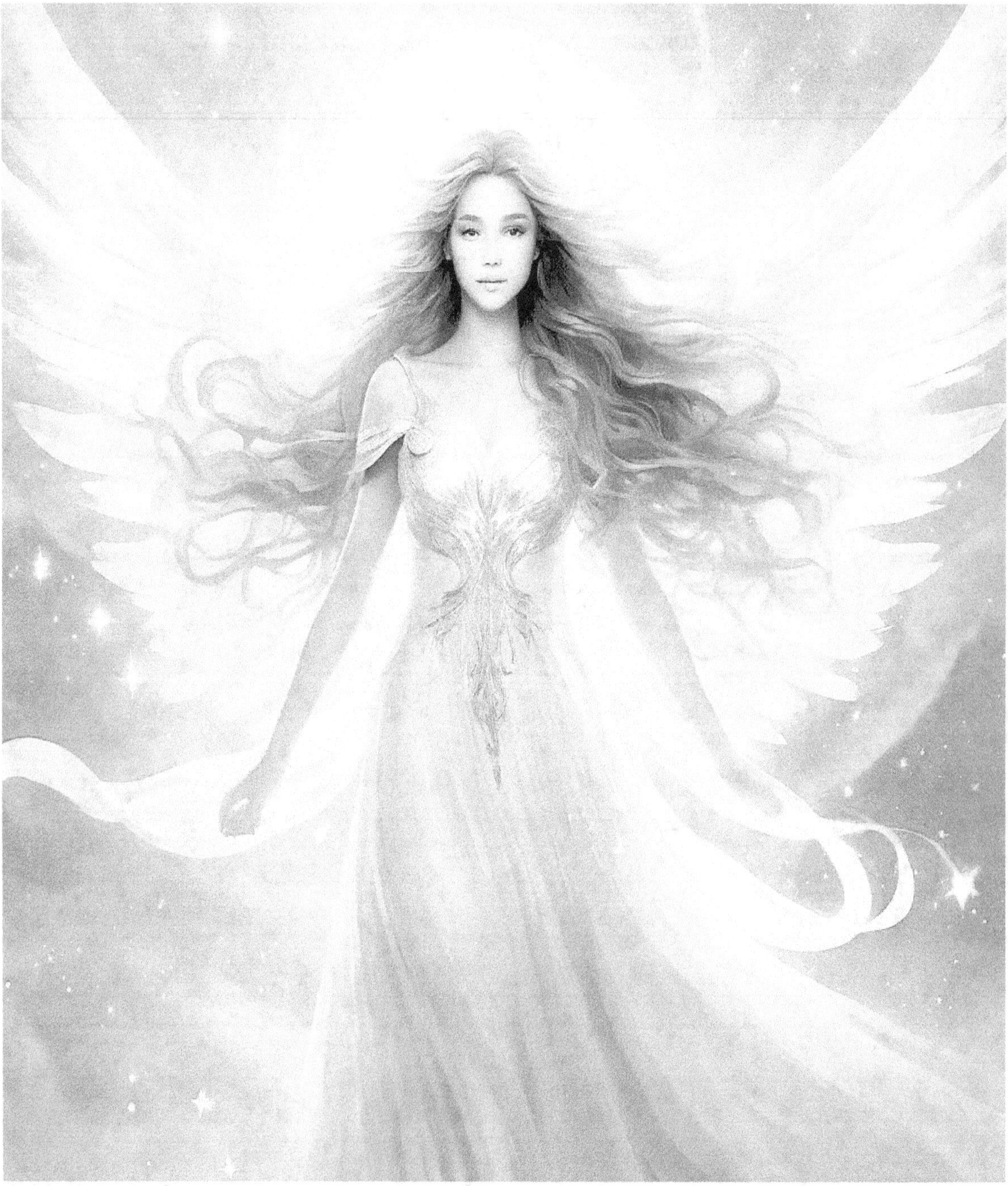

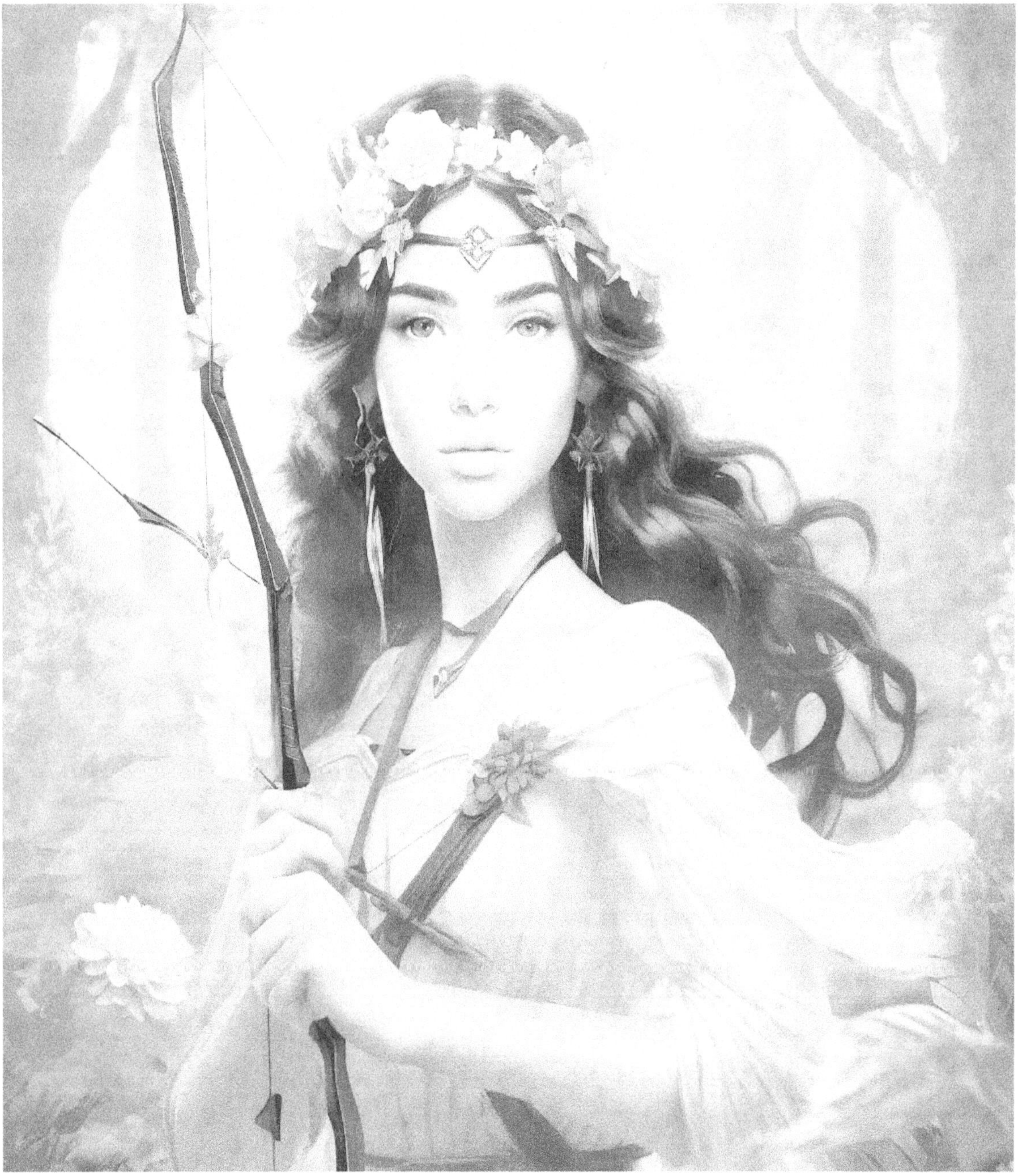

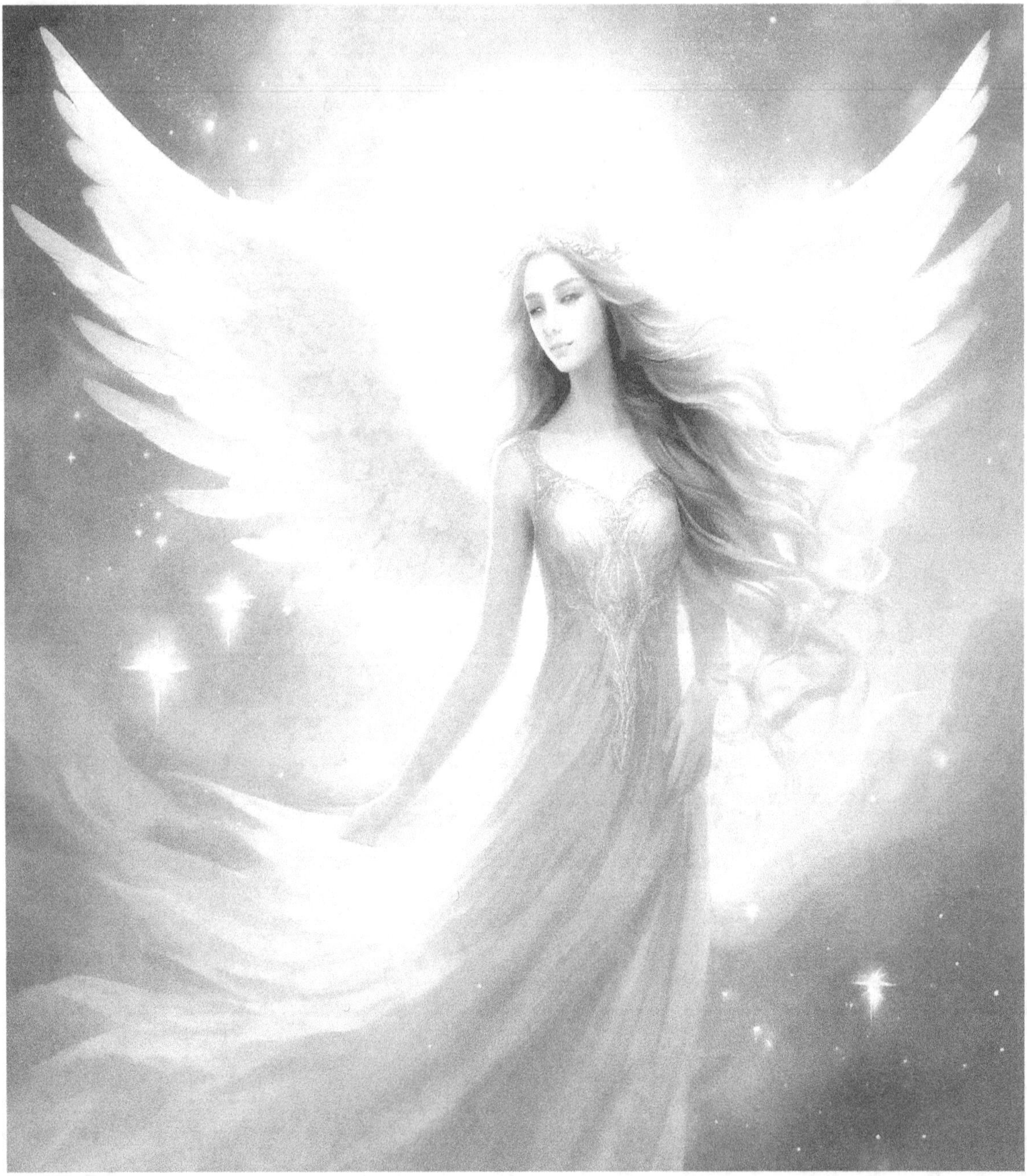

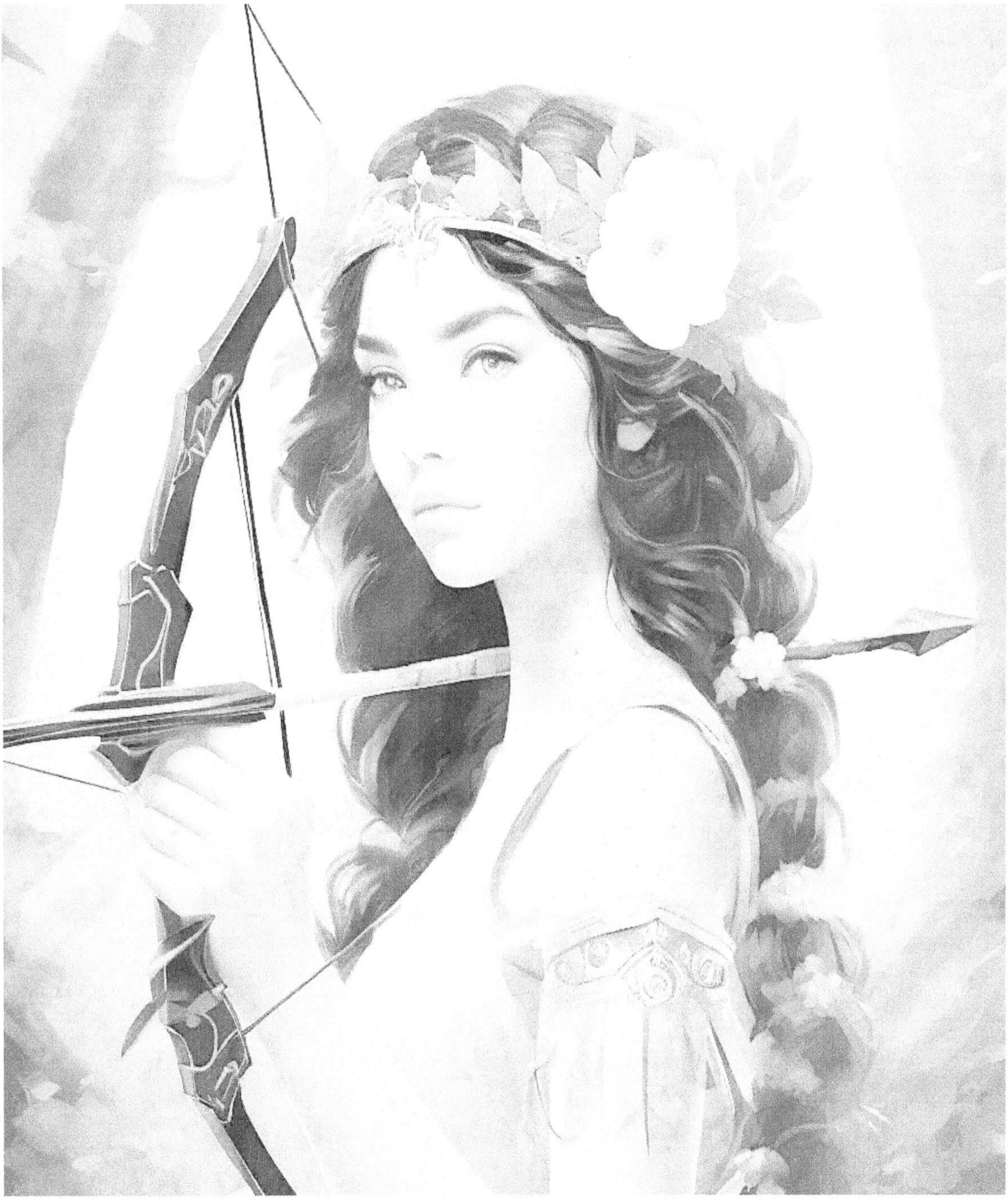

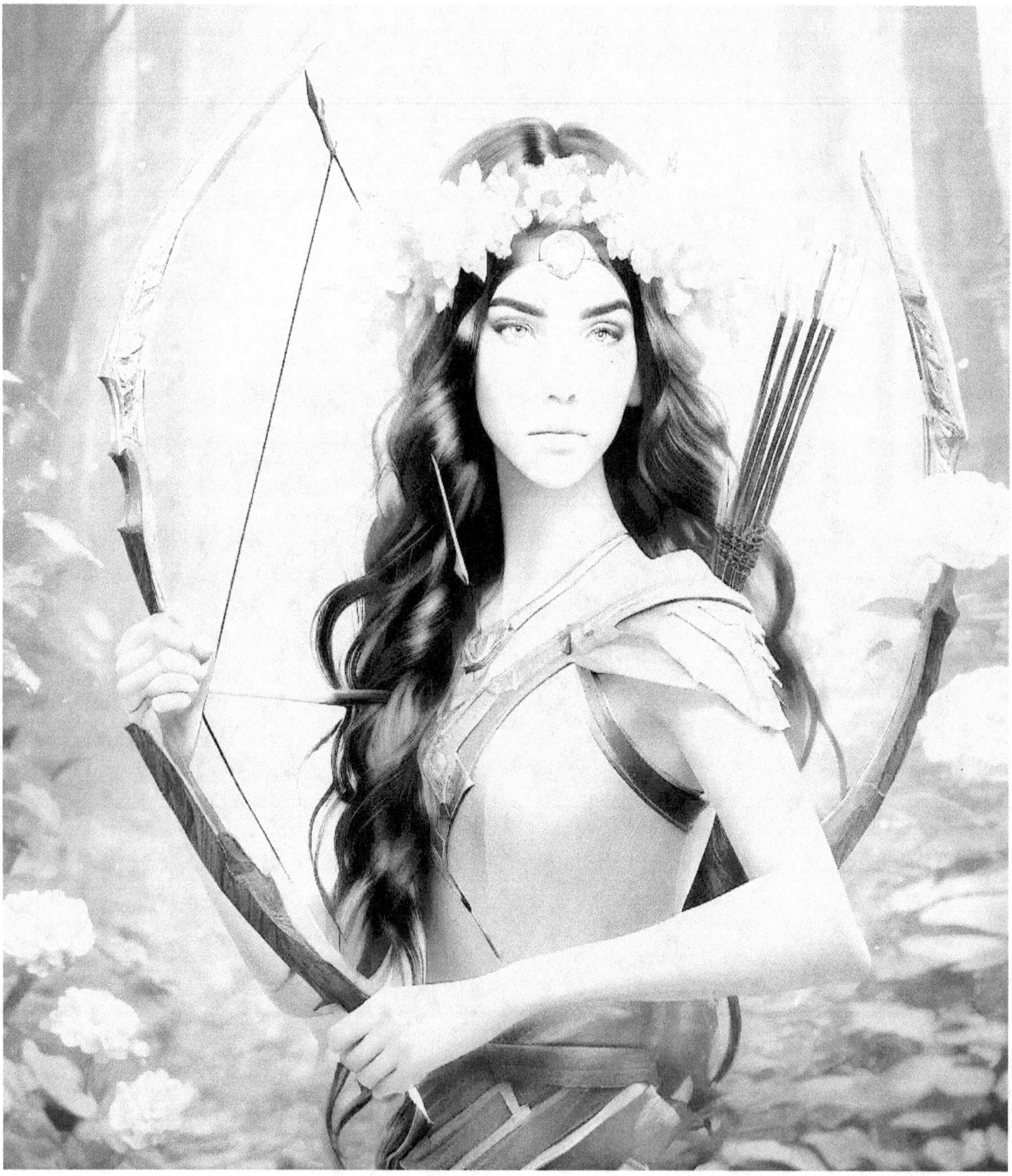

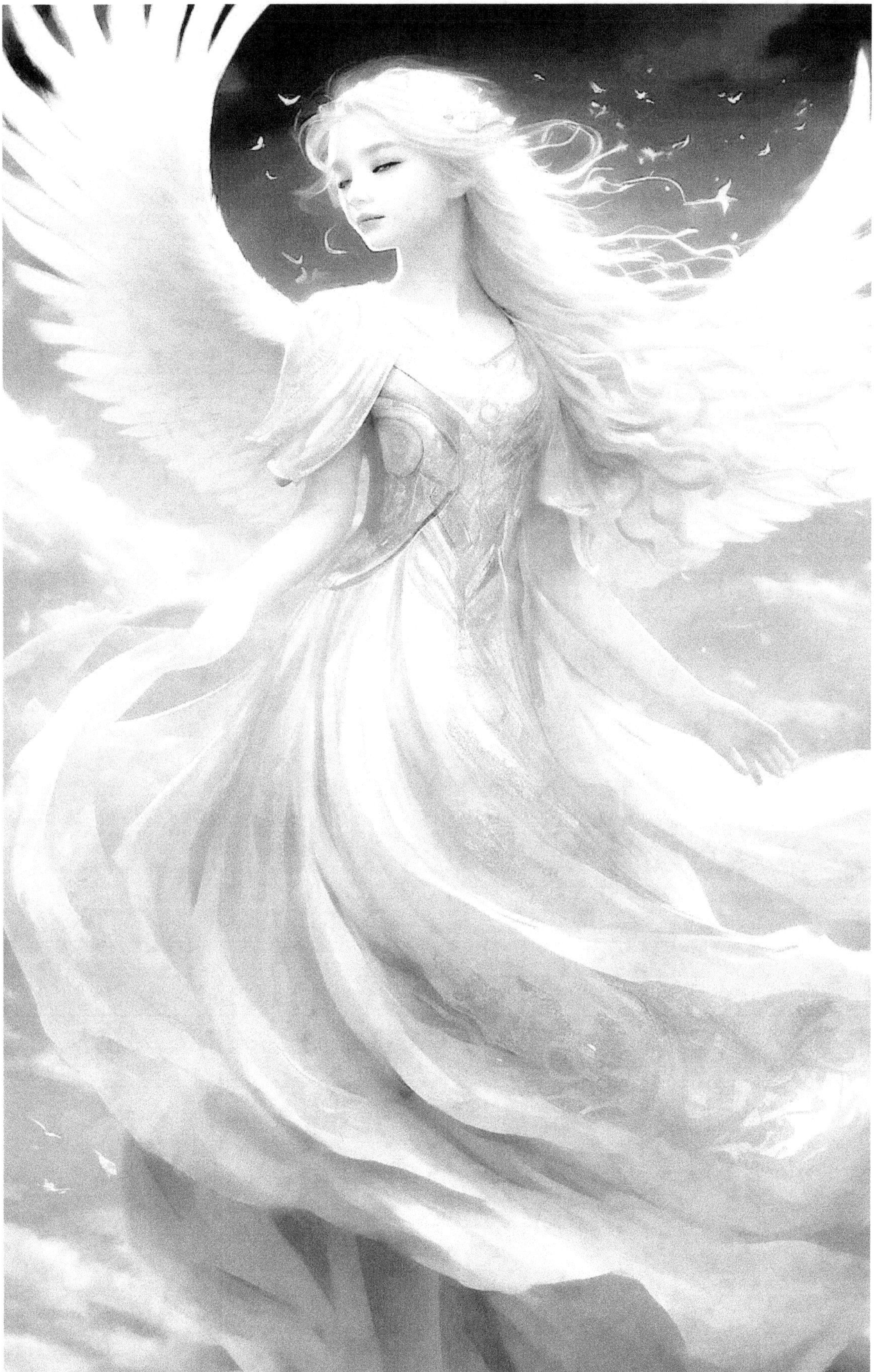

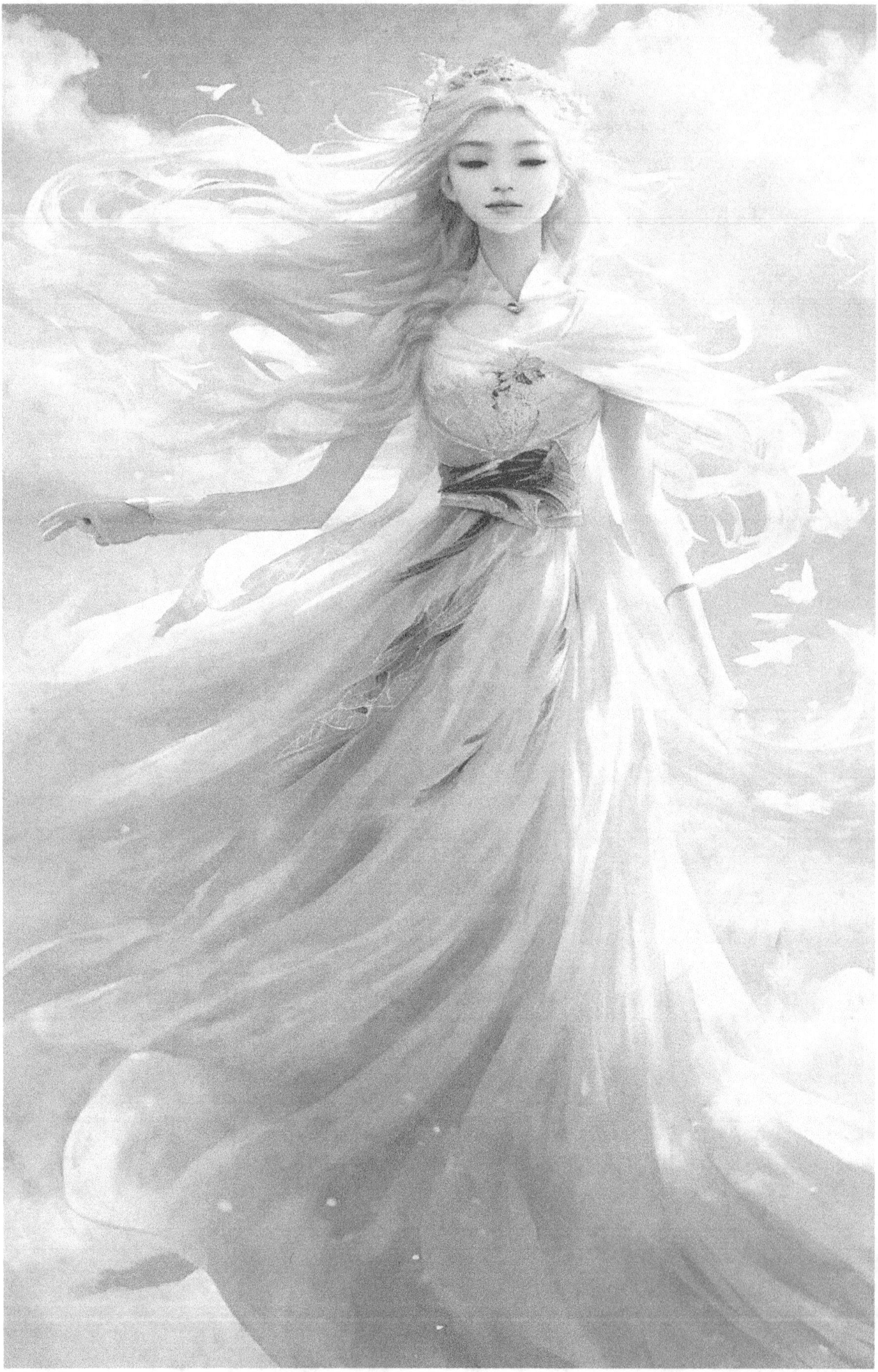

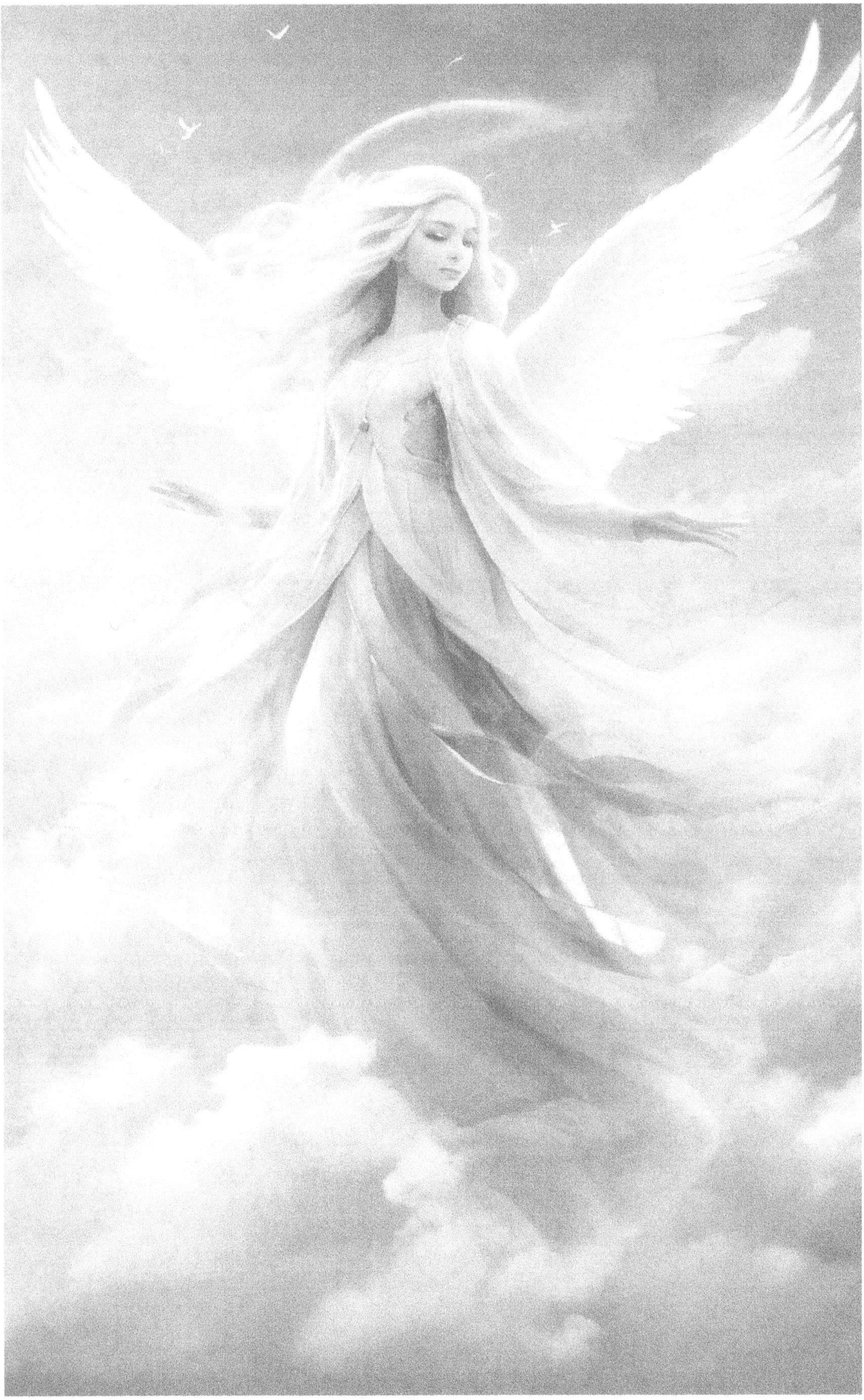

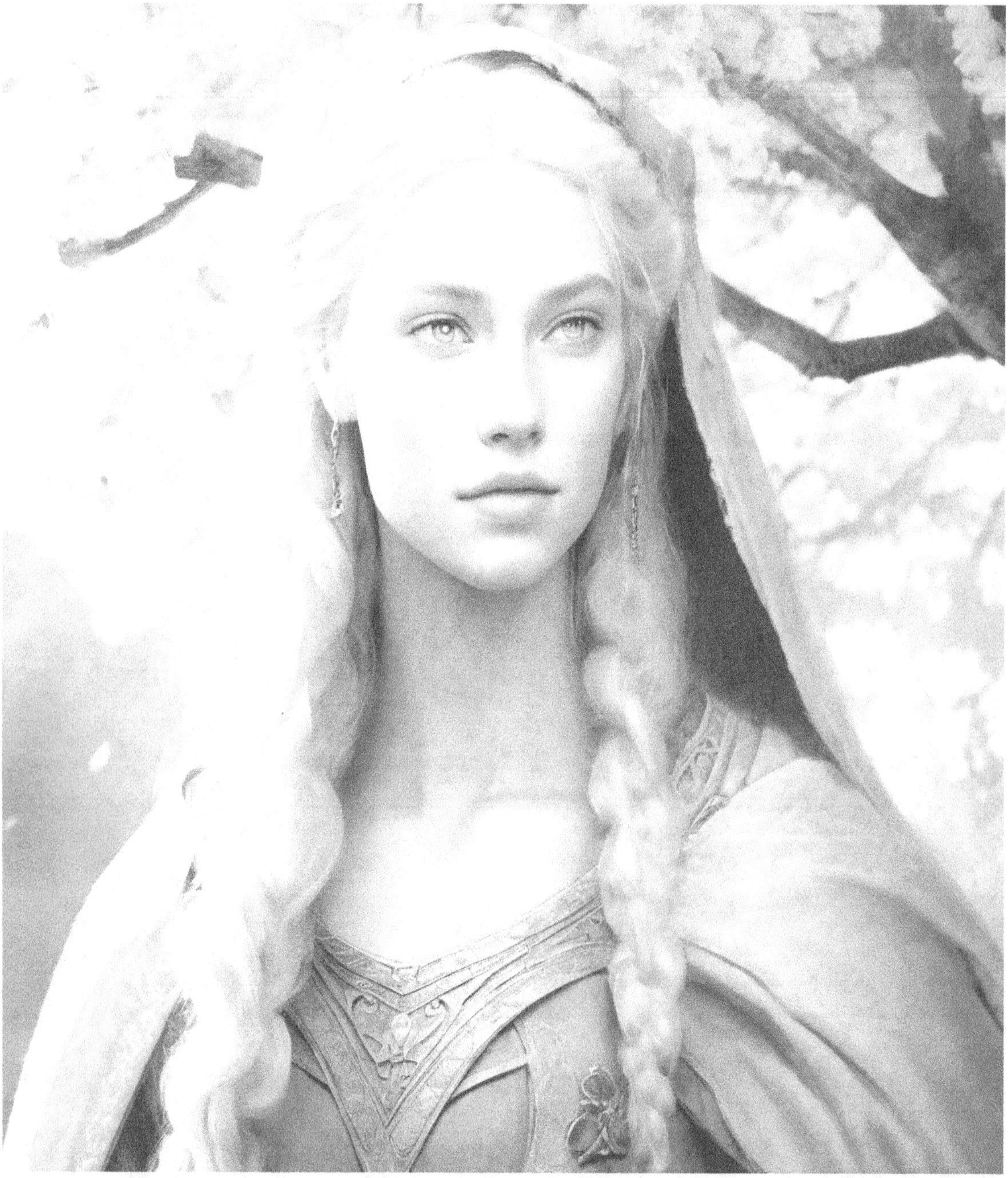

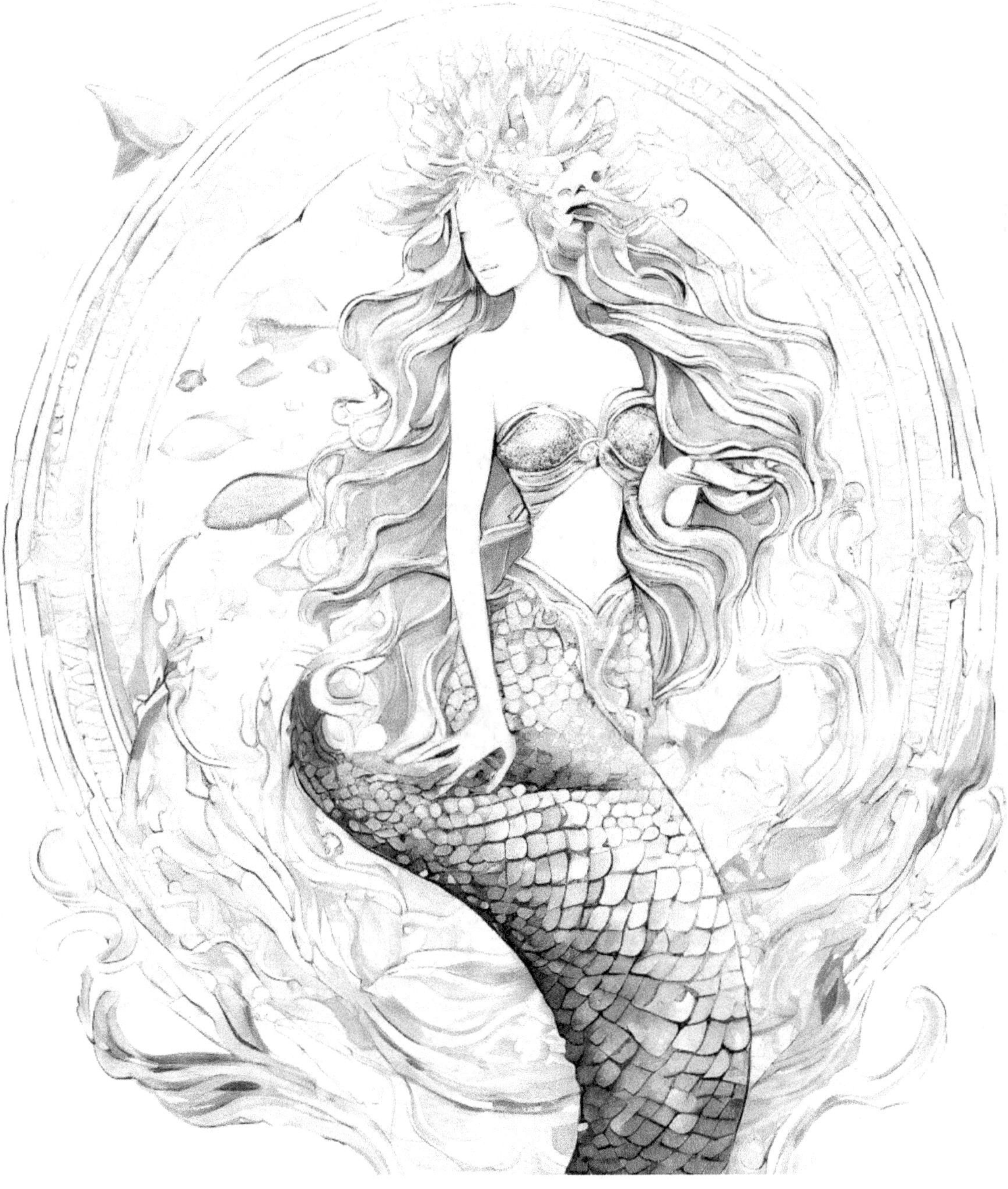

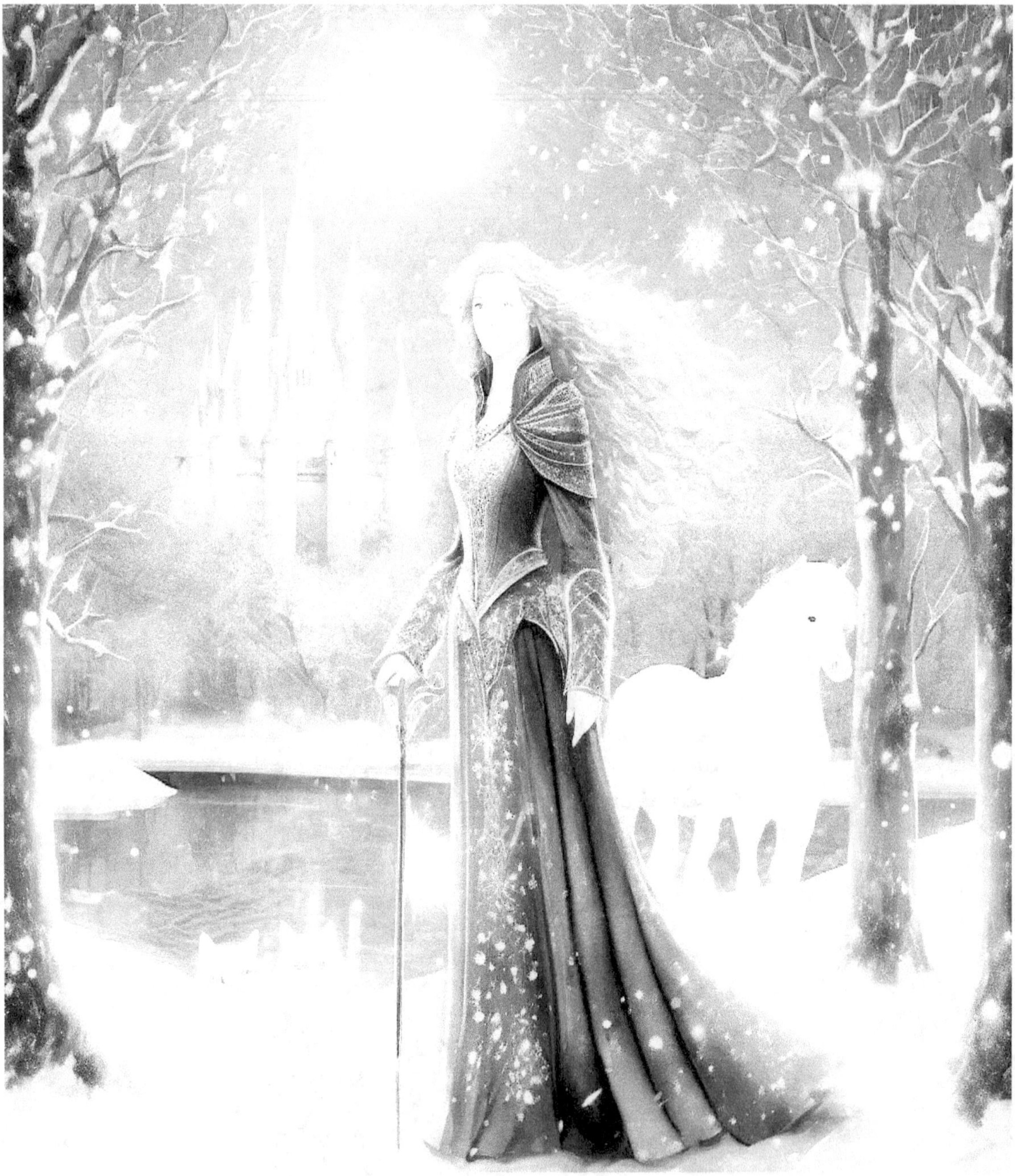

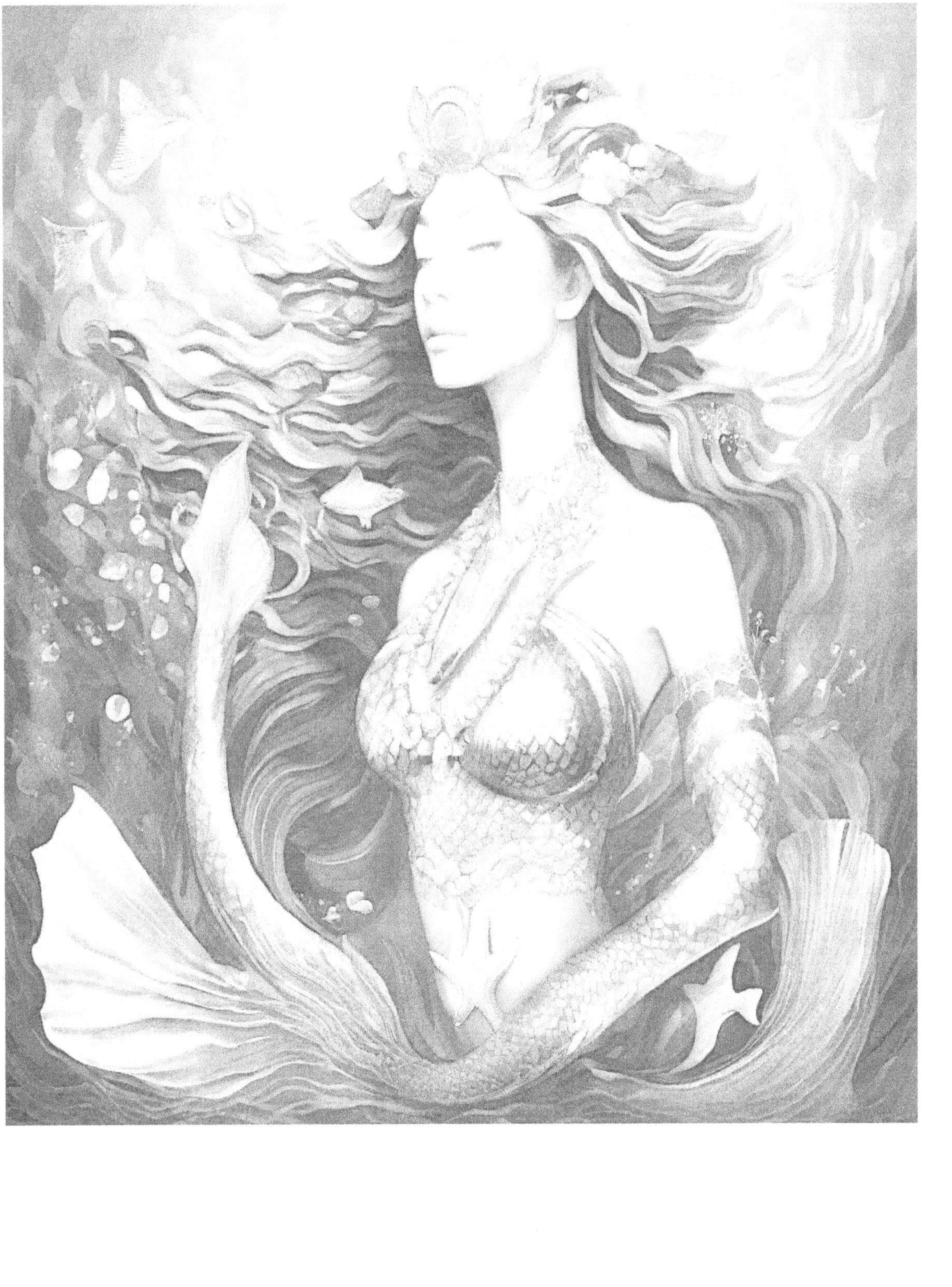

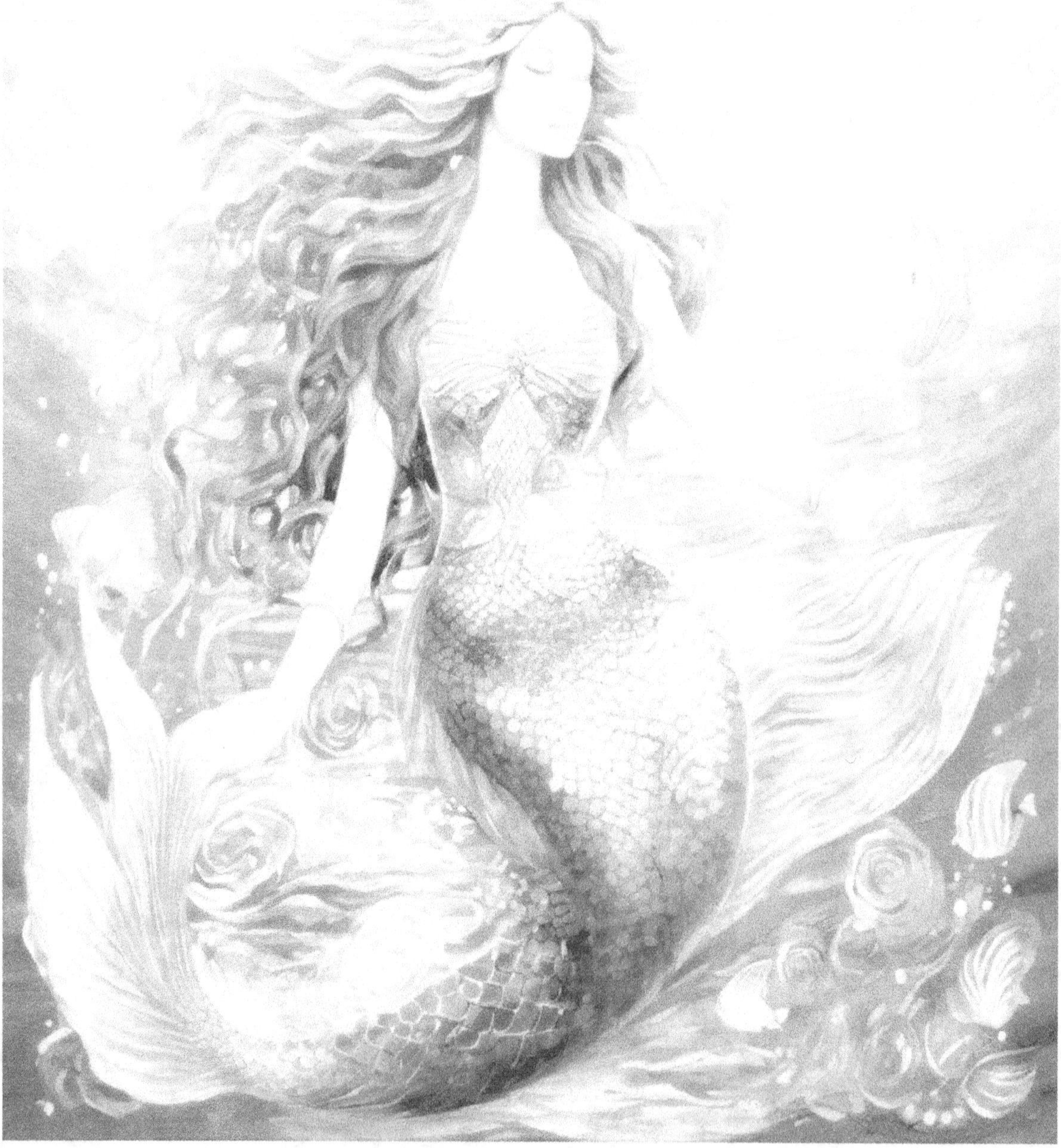

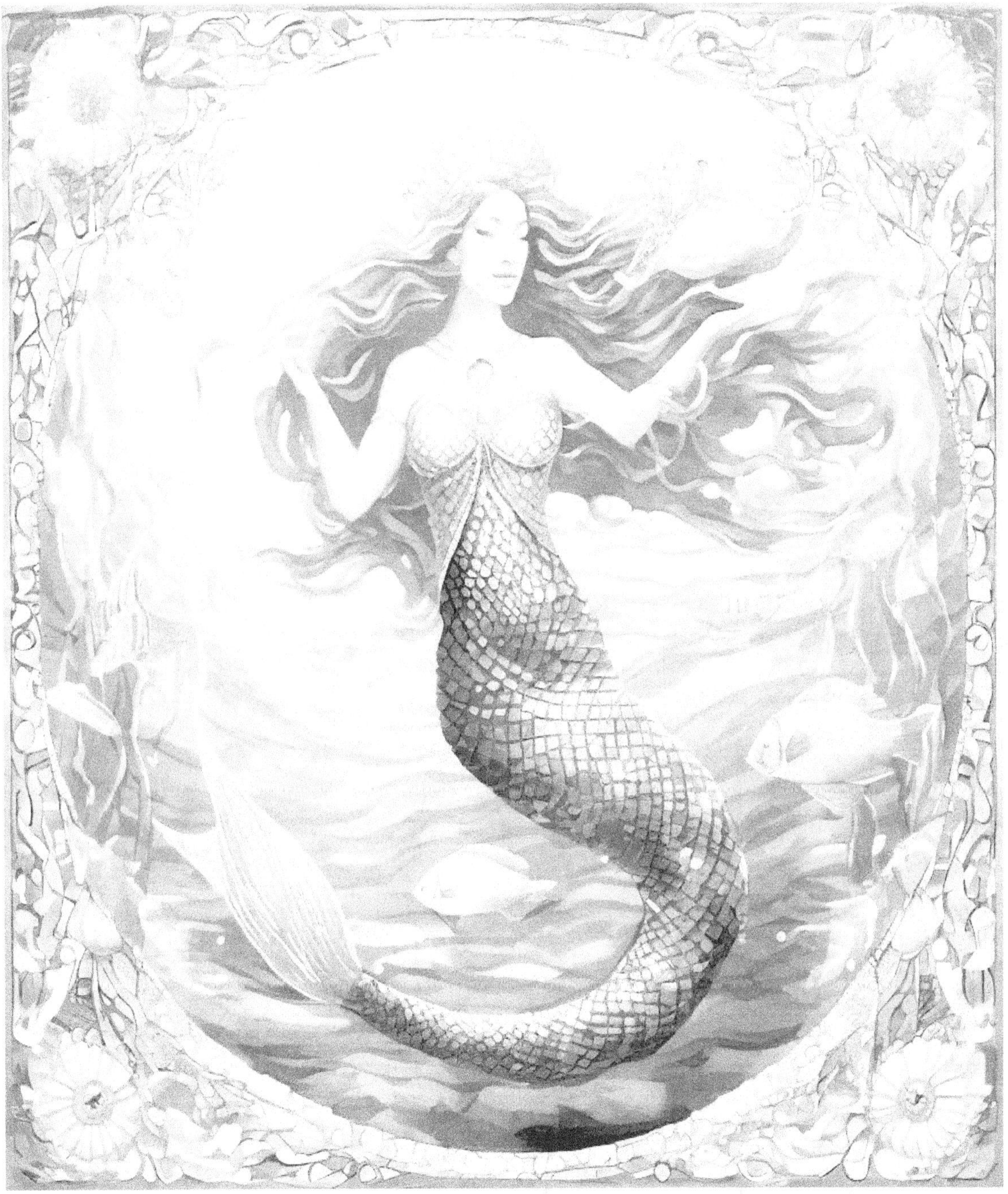

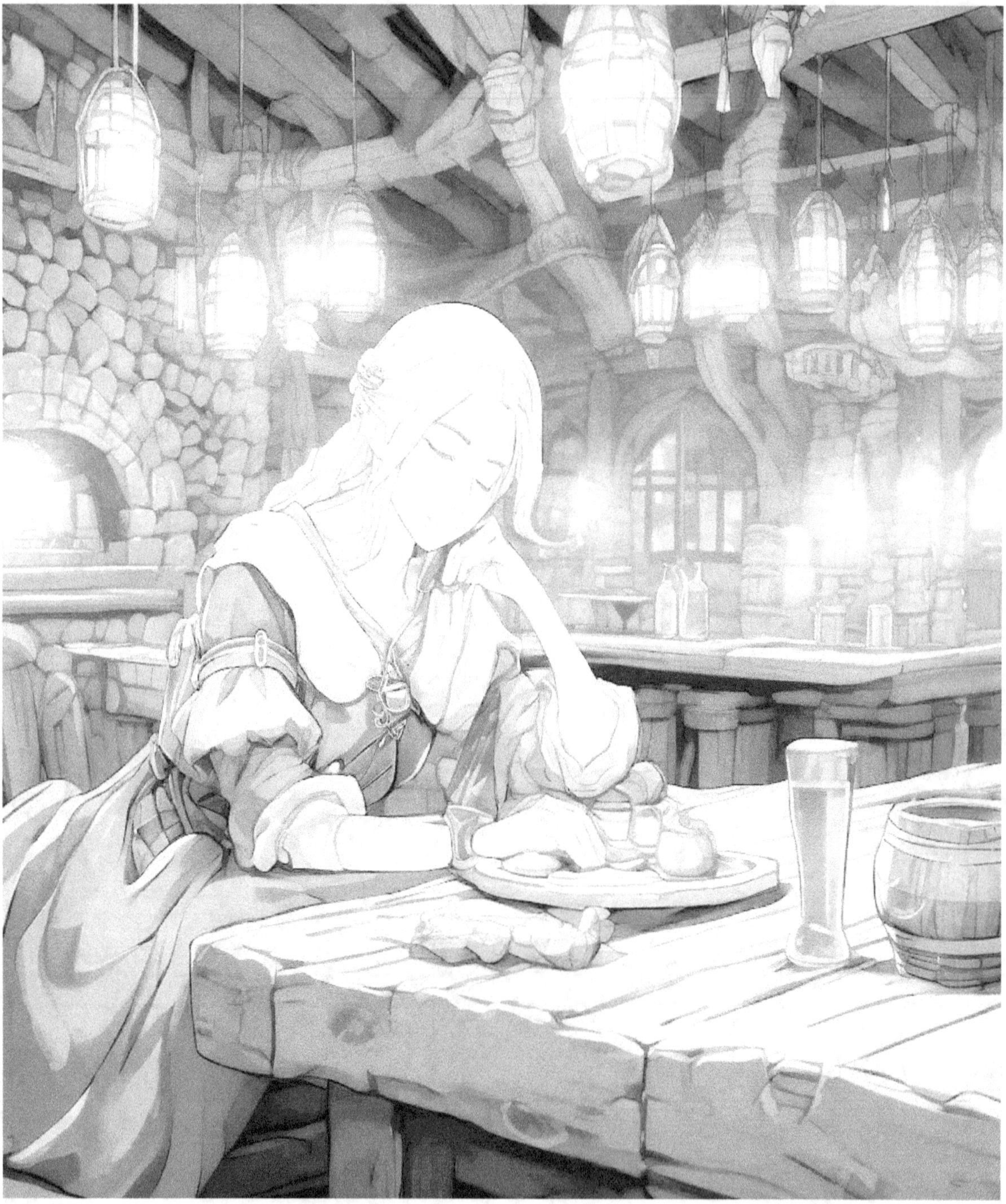

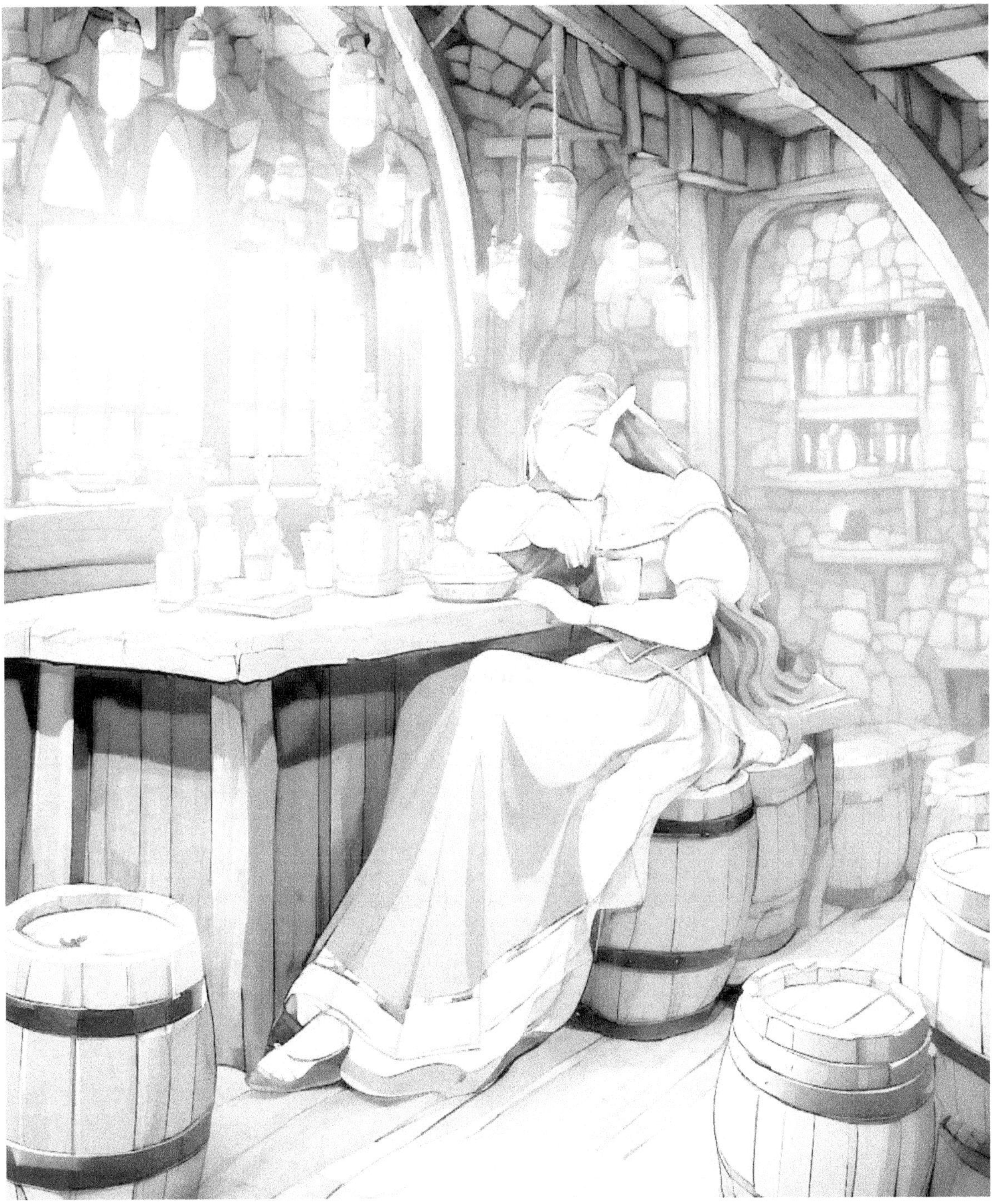

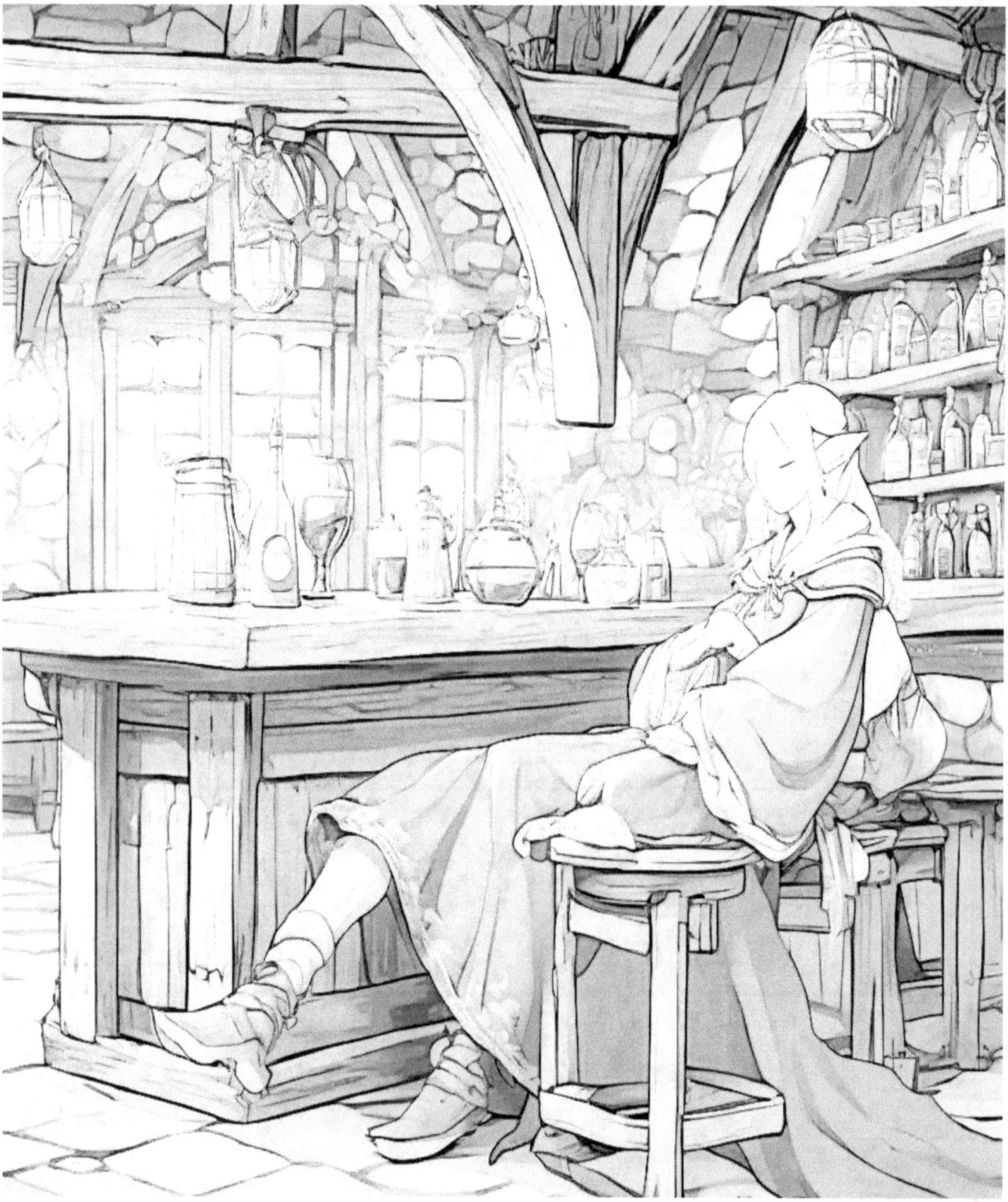

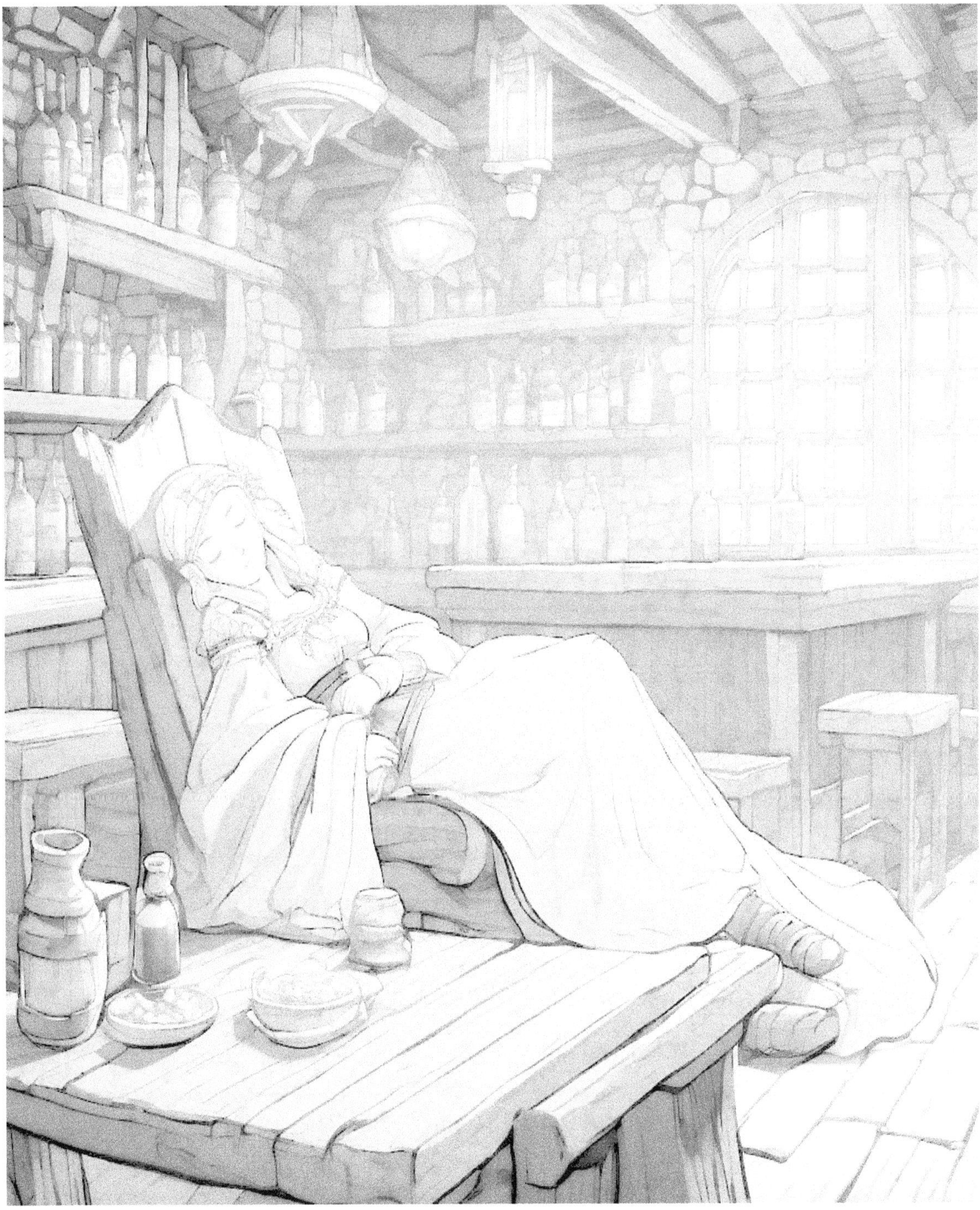

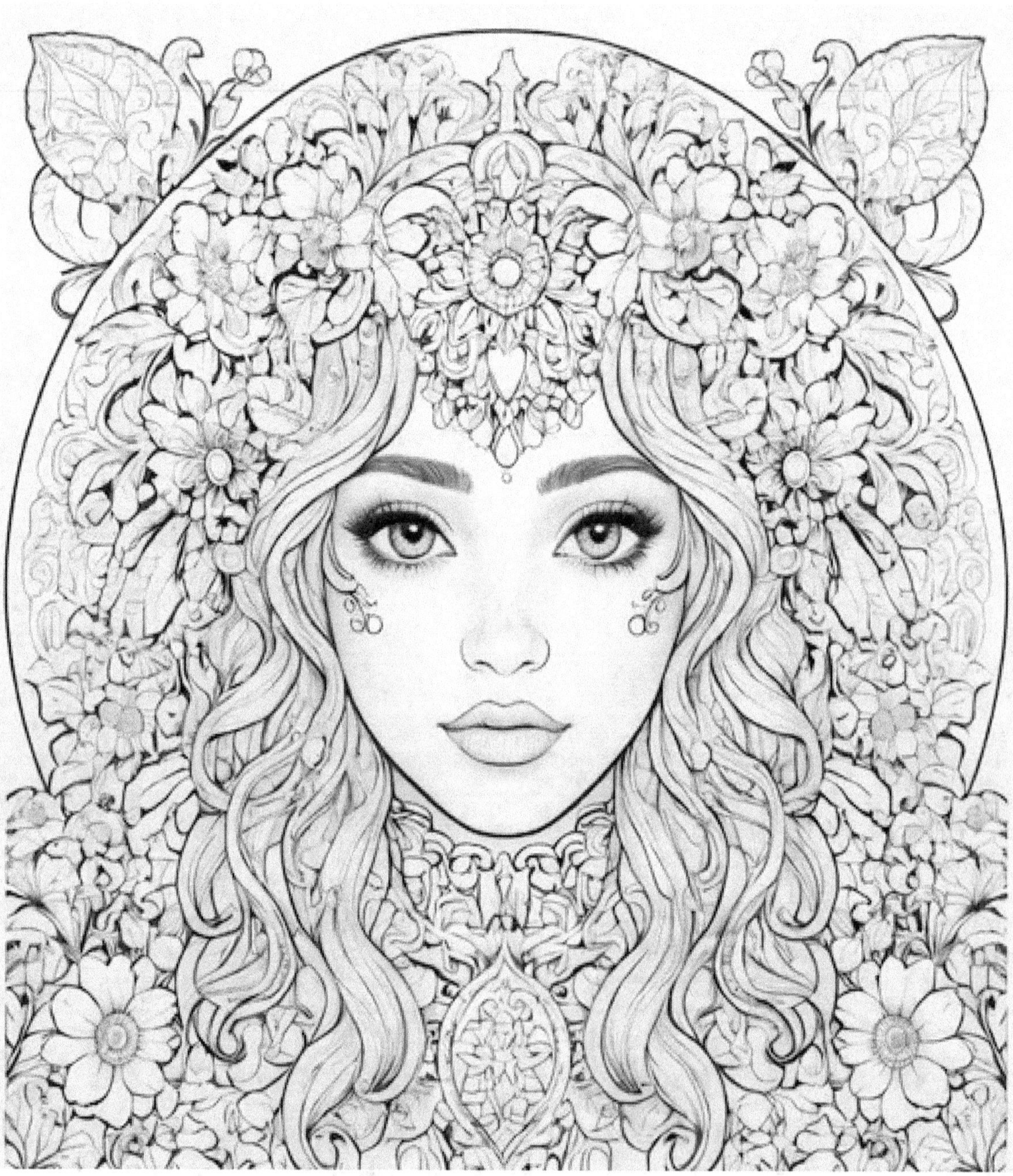

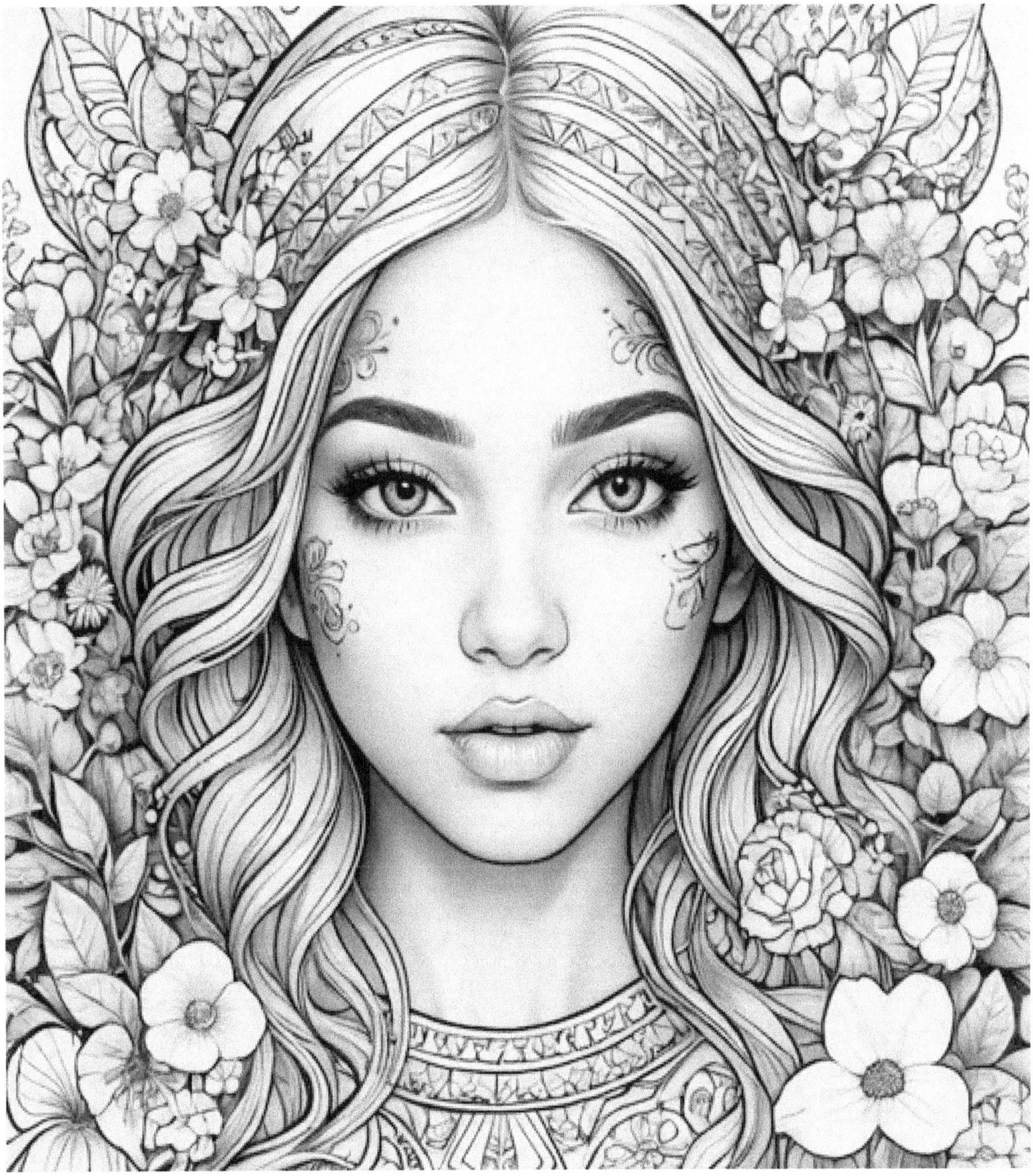

www.ingramcontent.com/pod-product-compliance
Lightning Source LLC
Chambersburg PA
CBHW062238220526
45471CB00009B/3530
* 9 7 9 8 3 2 4 2 3 3 8 0 8 *